Guillaume l'apprenti sorcier

© 1971, l'école des loisirs, Paris, pour l'édition en langue française
© 1969, 1971, Diogenes Verlag AG, Zürich (Suisse)
Titre de l'édition originale : « The Sorcerer's Apprentice »
Loi numéro 49 956 du 16 juillet 1949 sur les publications
destinées à la jeunesse : septembre 1971
Dépôt légal : octobre 2005
Imprimé en France par Aubin Imprimeur à Poitiers

D'après Goethe,
une histoire en images
de Tomi Ungerer
racontée par
Barbara Hazen
et Adolphe Chagot

Guillaume l'apprenti sorcier

l'école des loisirs
11, rue de Sèvres, Paris 6e

Il y a longtemps, bien longtemps, vivait un sorcier,
un vieux magicien plein d'expérience, qui pouvait faire
toutes sortes de prodiges.
Il pouvait changer des princes en souris,
des cailloux en or pur, et disparaître lui-même,
en un clin d'œil, dans un nuage de poudre bleu pâle.

Le sorcier habitait un château, perché sur une hauteur dominant le Rhin.
C'était un château garni de tours et de tourelles, parcouru par de nombreux couloirs voûtés qui conduisaient à une cave humide et sombre.

VI
XII
VI
W.C

Là, se trouvait l'atelier du sorcier. L'un des côtés portait de haut en bas des rayons garnis de livres poussiéreux et moisis, reliés en cuir. Le plus important de tous était un énorme volume intitulé : « Répertoire des pratiques et formules magiques ».

Il renfermait tous les secrets et toutes les recettes du sorcier. Il était rangé dans un compartiment du plus haut rayon, gardé jour et nuit par un vieux hibou aux yeux bleus, et fermé par une clé que le sorcier portait tout le temps à son cou.

De l'autre côté de la cave, c'était le laboratoire du sorcier avec son four cosmique et sa distillerie pour préparer les élixirs. On y voyait aussi des tas d'instruments : cornues, mortiers, alambics, ballons, etc., ainsi que nombre de pierres phosphorescentes destinées à préparer des poudres et des potions magiques.

Au milieu de la pièce il y avait une énorme cuve d'eau. Il fallait la remplir chaque jour et, pour cela, transporter de lourds seaux d'eau depuis le Rhin jusqu'en haut de la pente raide qu'escaladaient des marches de pierre.

L'apprenti du sorcier, Guillaume, un vif et joyeux luron (mais assez paresseux !) était chargé de transporter ces lourdes charges. Il souhaitait devenir un jour sorcier, lui aussi ; c'est pour cela qu'il travaillait au château en échange de leçons de magie. Il aimait beaucoup ces leçons, mais détestait les corvées. Il avait horreur de balayer, frotter, astiquer et, par-dessus tout, de grimper sans arrêt le raide escalier de pierre, en portant seaux d'eau après seaux d'eau. Il préférait gambader, chantonner, jouer avec les animaux ou, tout simplement, rester assis à rêver au bord du fleuve en regardant le Rhin magnifique couler à travers la campagne.

Le sorcier le savait bien ! Et chaque fois qu'il surprenait Guillaume en train de flâner ou de tricher dans son travail, il lui donnait une tâche deux fois plus rude.

Guillaume avait beau marmotter et marmonner ! Le sorcier ne changeait pas d'avis. « Un apprenti doit travailler, doit étudier. Il doit gagner son pouvoir magique », disait-il. « La magie est un instrument beaucoup trop puissant pour qu'on s'en serve n'importe comment ; c'est bien autre chose que jeter un sort ! Tu verras ça un jour, mon garçon ! »
Or, il arriva que le sorcier fut convoqué à une réunion dans la Forêt-Noire. Avant de partir il grimpa à l'échelle de la bibliothèque et copia quelques mots du gros livre de magie. Puis il dit à Guillaume : « Tous les sorciers et magiciens vont tenir une assemblée ; je dois y aller. Pendant mon absence tu garderas le château et tu feras ton travail. À mon retour je veux que tout soit astiqué et qu'il n'y ait pas un grain de poussière par terre. Je compte surtout trouver la cuve pleine d'eau, pleine à ras bord. Et j'espère, Guillaume, que tu ne t'arrêteras pas de travailler avant d'avoir tout terminé. »

Puis le sorcier prit son manteau, murmura quelques mots magiques et disparut en un clin d'œil dans un nuage de poussière bleu pâle qui recouvrit rapidement les meubles et le sol.

« Comme si ça n'allait pas déjà assez mal ! » grommela Guillaume. « Il me donne encore plus de travail. Ce n'est pas juste ! À lui les choses agréables, à moi les corvées ! Pourquoi suis-je obligé de travailler comme un esclave toute la journée alors que, en utilisant sa magie, il pourrait exécuter toutes ces tâches en un instant ? Ça serait beaucoup plus facile, et aussi bien plus amusant ! »

Désespéré, Guillaume regardait autour de lui la saleté et la poussière quand un objet brillant frappa son regard. Là, sur la table du sorcier, il voyait la clé d'or qui donnait accès au gros livre de magie. Dans sa hâte, le sorcier l'avait oubliée. Quelle chance !
Il prit la clé, s'assura que le vieux hibou dormait bien, puis, rapidement, il dressa l'échelle et grimpa jusqu'en haut. Ses mains tremblaient d'émotion en ouvrant l'abri du gros livre rouge et or. Sans faire de bruit, il tournait les feuilles de parchemin, garnies de cercles, d'étoiles, de signes mystérieux. Mais la plupart des mots étaient dans une langue inconnue. Soudain, sous le titre MAGIE PRATIQUE, il lut : *Balai magique* – Comment faire accomplir par un bâton tout ce que vous désirez. « Ça veut dire que le balai fera tout ce que je lui demanderai », pensa Guillaume avec joie. Et, en les répétant sans arrêt, il apprit par cœur les mots indiqués.

Alors, il ferma le livre, puis, regardant fixement le vieux balai dans un coin de la cave, il appela d'une voix forte :

« *Amestramegram Broum !*
Abracadabram Groum !
Vieux balai, réveille-toi.
Apporte l'eau à pleins seaux
Et fais vite tous mes travaux. »

À ce bruit, le hibou s'agita, battant si fort des ailes que l'échelle se renversa et se cassa en deux. Heureusement, Guillaume tomba sur le crocodile empaillé du sorcier et n'eut pas de mal. Mais il restait étendu là, tout étourdi. Tout d'abord, rien ne se produisit. Avait-il bien dit les mots qu'il fallait ?

Oui, oui ! Regardez ! Le balai s'agitait, puis se dressait. « Hip ! hip ! hourra ! »
Les mots magiques étaient les bons, et le balai commençait son travail.
Guillaume lui montra un seau. Hop ! hop ! Avançant par petits bonds, le balai se pencha et le ramassa.
Puis il sautilla à travers la cave, sortit par la porte du château et descendit le rapide escalier de pierre jusqu'au Rhin.
Arrivé au bord du fleuve il se pencha, emplit le seau,
puis il fit demi-tour et, par petits sauts,
remonta l'escalier.

Sans s'arrêter, le balai transporta le seau dans la cave et le vida dans la cuve. Puis il recommença. Et, sautillant, boitillant, clopin-clopant, penché, redressé, il redescendit jusqu'au fleuve.

Guillaume était ravi. « Hourra ! » s'écria-t-il. « Ça y est ! J'ai réussi ! J'ai fait travailler la magie à ma place ! »
Il prit le chat du sorcier dans ses bras et se mit à danser et à chanter à travers la pièce. Pendant ce temps, le balai continuait à sautiller et à verser de l'eau dans la cuve. Mais Guillaume n'y pensait même plus ! Il caressait les serpents et salamandres favoris de son maître, jouait aux billes avec les cailloux magiques, et même se préparait une tasse de thé sur le fourneau cosmique ! Pourquoi pas ? Le sorcier était au loin et, puisque le travail se faisait, personne n'en saurait jamais rien !

Soudain, Guillaume s'aperçut que l'eau atteignait le bord de la cuve. « Arrête, balai, ça suffit », cria-t-il. « Retourne dans ton coin. »
Mais le balai n'en fit rien. Sans cesser de sautiller, de clopiner, de se pencher et de se redresser, il n'arrêtait pas de descendre l'escalier, de remonter les seaux pleins d'eau et de les vider dans la cuve qui, maintenant, débordait. L'eau coulait de tous les côtés, inondant le sol et formant déjà une grande flaque près de la porte de la cave.
Le chat du sorcier, furieux de se mouiller les pattes, en crachait de rage !

Guillaume était effrayé. « Halte, balai ! » cria-t-il de nouveau. « Arrête-toi, fais ce que je te dis ! Obéis ! »
Mais le balai n'en faisait rien. Il continuait ses allées et venues, l'eau montait de plus en plus. La flaque, près de la porte, devenait une mare. Puis le feu, dans le four, s'éteignit en sifflant.
Seules, les salamandres se réjouissaient de ce déluge où elles pouvaient s'ébattre et nager tout leur content.

Guillaume ne pouvait arrêter ce qu'il avait déclenché. Et pas moyen de consulter le gros livre de magie, avec cette échelle cassée ! Il était terrifié et gémissait : « Malheur à moi ! Que va dire mon maître ? Que va-t-il faire devant tout ce gâchis ? Peut-être qu'il me changera en crapaud, ou qu'il me chassera, ou qu'il fera quelque chose d'affreux ! Ah ! pourquoi ai-je ouvert ce maudit livre ! Si seulement je me rappelais quelques mots, peut-être que le balai s'arrêterait ! » Espérant que les mêmes mots qui avaient mis le balai en branle conviendraient pour l'arrêter, il s'écria :

« *Amestramegram Broum !*
Abracadabram Groum !
Halte ! vieux balai.
Ton rôle est fini.
Fais ce que je dis. »

Aucun changement ! De nouveau, il essaya :

« *Amestramegram Broum !*
Abracadabram Groum !
Arrière, balai !
Fais ce que je dis !
Allons, obéis ! »

Mais le balai ne s'arrêta pas. Il continuait toujours son manège, et aucune autre combinaison de mots ne produisait d'effet, même pas en disant : *Abracadabram* avant *Amestramegram*. Rien à faire ! Guillaume avait maintenant de l'eau jusqu'à la taille, le chat grimpait sur les meubles et les serpents se glissaient sur les tringles des rideaux. Épouvanté et trempé jusqu'aux os, Guillaume comprit qu'il fallait arrêter le balai à tout prix. Il saisit la hache du sorcier.

Et quand le balai reparut avec un autre seau d'eau, Guillaume leva la hache et d'un seul coup, « crrac », il le fendit en deux. La cave devint silencieuse. « Ah, balai, j'ai fini par t'avoir », cria Guillaume. « Je t'ai eu pour de bon ! Tu ne m'ennuieras plus avec ta sorcellerie ! »
Mais au moment où il disait ces mots, il se passa une chose stupéfiante : les deux moitiés du balai frémirent, puis se mirent en mouvement et commencèrent à sautiller. Chacune d'elles ramassa un seau et, drelinant et brimballant, descendit l'escalier rapide jusqu'au Rhin.
Le plus horrible, c'est que tous les morceaux de balais firent la même chose si bien que, en un instant, il y eut des centaines de balais, grands et petits, à sautiller, boitiller, cogner, heurter et à toujours apporter des seaux pleins de l'eau du fleuve.

Maintenant, l'inondation gagnait le plus haut rayon de la bibliothèque. Guillaume nageait pour ne pas couler et essayait d'attraper le livre de magie sans y parvenir. Agrippés à la suspension, le hibou et le chat crachaient de fureur. Chaudrons et bouilloires s'entrechoquaient. Les poudres magiques et les élixirs se diluaient dans l'eau qui virait au rouge et au violet. Et les balais continuaient toujours leur chaîne.
Bientôt, il y eut partout de l'eau qui tourbillonnait, tournoyait, s'enflait en trombe. Le flot se précipitait en bouillonnant, emportant les animaux, submergeant les meubles et les mettant en pièces.
Sur le rebord supérieur de la bibliothèque, les doigts de Guillaume glissaient, lentement mais régulièrement. « Au secours ! » criait-il. « Au secours, Maître, je tombe ! Vite, vite, Maître, je me noie ! »

Mais soudain, il se fit une lumière aveuglante.
Dans un nuage de poussière bleu pâle le sorcier apparut en haut des marches. Furieux, il hurla :

« *Haltt et Bram*
Cutt et Gram.
Retourne au coin, vieux balai !
Arrête tous tes méfaits ! »

Et furieusement les eaux baissèrent ; Guillaume se retrouva rapidement sur le plancher ; tout redevint comme auparavant.
« Mmmmaître, ce n'était qu'une plaisanterie », murmura faiblement Guillaume. « Je vous en prie, ne me punissez pas ! »

« Ah ! vraiment ? » dit le sorcier, les yeux étincelants, en montrant un seau. Tout trempé, les os brisés, l'apprenti sorcier se dirigea vers le coin et se baissa pour ramasser le seau vide. Et tandis qu'il se penchait, le balai se redressa et entra en danse. « Pan ! Pan ! Pan ! Pan ! » Et Guillaume reçut sur le derrière quatre coups bien appliqués qui l'expédièrent dans l'escalier avec son seau.
La cuve était vide. Il fallait la remplir.